アジアの平和の本流と日本共産党　志位和夫

目次

表紙の写真＝「東アジア平和提言」を紹介しながら発言する志位議長＝２０２４年11月22日、プノンペン（面川誠撮影）

アジア政党国際会議（ＩＣＡＰＰ）の第12回総会が２０２４年11月21～23日、カンボジアの首都プノンペンで「平和と和解の探求」をテーマに開催され、日本共産党からは志位和夫議長を団長とする代表団（緒方靖夫副委員長・国際委員会責任者、小林俊哉国際委員会事務局次長、面川誠国際委員・「しんぶん赤旗」ハノイ特派員）が参加しました。志位議長に、今回の総会の特徴、党代表団の活動と成果、アジアにおける平和の展望について聞きました。

（赤旗編集局）

アジアの平和の本流と日本共産党

――アジア政党国際会議（ＩＣＡＰＰ）第12回総会に参加して 志位和夫議長が語る

今回の総会の特徴、日本共産党の活動のあらまし

――まず、今回の総会の全体的な特徴、日本共産党の活動の概要をお話しください。

志位　アジア政党国際会議（ＩＣＡＰＰ）は、与野党を問わず、イデオロギーの違いを超えて、アジアで活動するすべての政党に開かれた、ユニークな平和のフォーラムとして発展してきました。２０００年にフィリピンのマニラで第1回総会が開かれ、ほぼ2年に1回、総会が開催されてきました。今回の総会は、12回目。アジアの28カ国から49政党が参加、さらにアフリカ、ヨーロッパ、ラテンアメリカの15カ国から16政党がオブザーバーとして参加しました。

日本共産党は、この国際会議を重視して、バンコクで開かれた第2回総会（02年）以来、11回連続で党代表団を派遣してきました。私の参加は、ソウルで開かれた第4回総会（06年）以来、今回で7回目です。国政選挙とぶつかるなど特別の事情があったとき以外は、必ずこの国際会議に参加するようにしてきました。

現在、ＩＣＡＰＰ常任委員会議長をつとめている鄭義溶《チョンウィヨン》さん（韓国政府で国家安全室長、外相などを歴任）、共同議長・宣言起草委員長をつとめているムシャヒド・フセイン・サイードさん（パキスタンの与党・ムスリム連盟〔ＰＭＬ―Ｎ〕の重鎮）とは、この間、何度もお会いし、さまざまな交流をしてきた、私にとっての古くからの友人です。今回の総会でも、お互いに元気で再会したことを喜びあいました。サイードさんは、私に会うなり、「オー、ミスター・シイ、アカハタ！」と両手を広げて語りかけ、がっちり握手しました。彼は長い交流をつうじて日本共産党のことをよく知っていますが、とくに「赤旗」についてはすごい新聞だという強い印象をもっているようです。

――日本共産党が継続して参加してきたことは大切ですね。

志位　はい。いろいろな意味で「継続は力」というのが実感です。

今回の総会で、党代表団が行った活動は、大まかにいって三つです。一つは、全体会合で発言をすること。二つは、総会で採択される「宣言」がよりよいものになるように働きかけを行うこと。そして三つは、総会に参加したアジア各地の政党のみなさんと交流し、相互理解と一致点での協力を追求することです。

［上］ＩＣＡＰＰの鄭常任委員会議長と懇談する志位氏（右）＝11月21日、プノンペン
［下］総会閉幕後、壇上でサイード共同議長・宣言起草委員長（右）と握手する志位議長＝2024年11月23日、プノンペン（いずれも面川誠撮影）

総会での発言について

「軍事でなく外交、排除でなく包摂」と題して発言

――総会で行った発言についてお話しください。

志位　総会の全体会合での討論は、三つのセッションで行われました。第1セッションは、ＩＣＡＰＰで常任委員をつとめている政党を中心に行われ、私は、第2セッションの冒頭に「軍事でなく外交、排除でなく包摂」と題して発言しました。発言は、1人3分とされました。

――**1人3分ですか。**

志位　ええ。発言時間はみんな平等ですから、守らなければなりません。発言原稿の正文を議長団に提出し、実際の発言は、時間制限を基本的に守るためにギュッと凝縮し、一番のエッセンスが伝わるように表現に工夫を重ね、英語で行いました。

私の発言内容のポイントを列挙しますと、次のようになります。（全文は本書16～18ページ）

――今、東アジアで、排他的なブロック対立が強まっていることを、強く憂慮している。

――他方で、包摂的な平和の枠組みをつくろうという希望ある流れ――ＡＳＥＡＮ（東南アジア諸国連合）の提唱しているＡＳＥＡＮインド太平洋構想（ＡＯＩＰ）が発展している。

――日本共産党は、今年（２０２４年）4月、「東アジア平和提言」を発表し、実現のために力をつくしているが、この方向にこそ、平和、協力、繁栄の東アジアの未来がある。

――ＩＣＡＰＰは、すべての政党に開かれた包摂的なフォーラムとして、ＡＯＩＰと同じ方向を目指している。総会においてＡＯＩＰへの支持が合意となることを強く願う。

――前回の総会で採択された「イスタンブール宣言」（22年）に明記された「ブロック政治を回避し、競争よりも協力を強調した」との内容が、継承、発展させられることを強く望む。

――ウクライナ侵略とガザへのジェノサイド（集団殺害）は、恐るべき犠牲をもたらし、国連憲章にもとづく平和秩序を根底から脅かしている。どちらの問題も解決策は軍事ではない。「ダブルスタンダード」を退け、国連憲章と国際法で団結することが重要だ。

――２０２５年は、広島・長崎の被爆80年となる。核兵器禁止条約への歓迎と、「核兵器のない世界」に向けた決意を世界

に発信しよう。

排他的なブロック対立の危険と、包摂的な平和の流れのぶつかり合いが

――発言は、東アジアの情勢をどうみているかから始めていますが、前回の総会以降のこの2年間の東アジアの情勢の進展をどのようにとらえていますか。

志位　まず直視しなくてはならないのは、排他的なブロック対立の危険な進展です。

一方で、ロシアのウクライナ侵略を一つの契機として、米国を中心とした軍事同盟のいちじるしい強化という動きがあり、日本はその最前線に立たされています。米国が、「統合抑止」の名で、アジア太平洋で、日米、米韓、米豪などの軍事同盟を統合し、欧州のNATO(北大西洋条約機構)ともグローバルな統合を進めていることは、この地域の情勢悪化の重大な要因となっています。

他方で、ロシアと北朝鮮が6月、「包括的戦略パートナーシップ条約」――相互の軍事援助の取り決めを結び、北朝鮮軍がウクライナ戦争に派遣され、戦闘に参加していることは、違法な侵略戦争への加担の国際的な広がりという点でも、戦争の危険を北東アジアに持ち込むという点でも、二重に危険な動きです。中国が、東シナ海などで力による現状変更の動きを続けていることは、情勢の緊張をつくりだしています。

私は、発言でこうした動きを念頭におき、「この動きは、軍事対軍事の悪循環を引き起こしています。その先に平和は決して訪れません」と指摘しました。

「東アジア平和提言」を紹介しながら発言する志位議長＝2024年11月22日、プノンペン（面川誠撮影）

――そうした危険と同時に希望ある動きもあると。

志位　その通りです。この地域では、ASEANが、徹底した対話の積み重ねによって平和の共同体をつくりあげ、着実な発展をみせています。ASEANを中心に、日本、中国、米国を含めて東アジアにかかわるすべての国を包摂した東アジアサミット(EAS)が発展しています。ASEANの発展は、域外の諸大国も無視することができず、諸大国も「ASEANの中心性」――自主独立の立場を尊重するという状況がつくられています。

東アジアの情勢を客観的に見るならば、排他的なブロック対立の危険と、包摂的な対話と協力を進める平和の流れとが、ぶ

つかり合う情勢が進展しているのです。

そうした情勢を踏まえて、発言では、「軍事でなく外交、排除でなく包摂」という主題で、わが党の「東アジア平和提言」の中心的コンセプトを語り、ＩＣＡＰＰの果たすべき役割を提起しました。

発言の中心点が伝わり、共感が広がった

——発言に対しては、どのような反応が寄せられましたか。

志位　全体として発言の中心点が伝わり、共感が広がったと思います。

私が発言した第2セッションで執行議長をつとめていたサイード共同議長は、「ミスター志位は、私の古くからの友人で、パキスタンを訪問したこともあるアジアの思慮深い政治家です」と紹介してくれ、発言をうけて、「ガザでのジェノサイド、ダブルスタンダード、イスラエルの占領との闘い、日本被団協へのノーベル平和賞に言及したことは、とても的確な指摘でした」とのコメントを行いました。

参加者からも積極的な感想が寄せられましたが、二つほど特徴を紹介します。

一つは、「軍事でなく外交、排除でなく包摂」の立場に立ったわが党の「東アジア平和提言」の立場が、多くの参加者の思いと響き合うものだということです。「今日の危険な情勢に対し、ブロック対立でなく、対話と外交を押し出した提起は、とても大事だと受け止めました」などの感想が寄せられました。ある東南アジアからの参加者は、「日本の政党からＡＳＥＡＮへの理解と高い評価を聞いたのは意外でしたが、『提言』の話を聞いて、よく理解できました」と語ってくれました。

もう一つは、イスラエルによるジェノサイドに反対するという提起に、非常に強い反応があったということです。インドネシアから参加したゴルカル党、闘争民主党、福祉正義党の有力3党から、それぞれ私の発言に注目したとの感想が語られ、「ストップ・ジェノサイド」で連帯を確認しました。イランの代表は、私の発言の直後に声をかけてきて、「日本からガザのジェノサイド反対の声を聞いたのは非常に印象深いものでした」と感想を語りました。この問題に、アジアの多くの政党が心を痛め、怒りをつのらせていることが強く伝わってきました。

討論の全体の特徴——「対話」、「包摂」、「平和」がキーワードとして語られた

——全体会合での討論の全体の特徴についてもお話しください。

志位　党代表団で全体会合での討論の全体の印象を語り合ったのですが、「『対話』、『包摂』、『平和』という言葉がキーワードとして語られたね」という感想で一致しました。多くの政党代表から、対話を重視し、包摂性を重視してこそ、平和が実現できるとの指摘がされたというのが、私たちの印象です。わが

党の発言は、全体の討論の流れとも響き合ったということが言えると思います。ガザでのジェノサイドを終わらせるための緊急の行動が必要だとの発言が相次いだことも特徴でした。
討論を踏まえて、執行議長団から、次のようなコメントが行われました。

「この会議は、平和と和解を探求することを主テーマにして行われました。発言の多くはそれにそったものになりました。同時に、それに関連して、対話の重要性、包摂性、外交の重要性についても強調されたことは、討論の特徴でした」
たいへんに的確なコメントとして聞きました。

「プノンペン宣言」について

〝対話と包摂で平和をつくる〟という道理ある大方向が打ち出された

――採択された「プノンペン宣言」にはどういう新しい特徴があったのですか。

志位　総会で全会一致で採択された「平和と和解に関するプノンペン宣言」は、「地域と世界の平和と和解のためのＩＣＡＰＰの役割」（総論部分）と、「地域と世界の平和と和解のための行動」（各論部分）の二つの柱、15の項から構成されています。

その最大の注目点は、総論部分で、この大陸の諸大国間の対立の強まりに強い警鐘を鳴らすとともに、〝対話と包摂で平和をつくる〟という道理ある大方向を打ち出していることです。

「宣言」は、第4項で、「われわれは、諸大国が地域戦略および世界戦略を調整する中で、地政学的対立が台頭し、国際協力が衰退していることに深い懸念をもって留意した」と表明しています。そのうえで、「政党が、……開かれた平和的な協議の場を通じて、対話を促進し、包摂性を育み、地域社会を結びつけることで、平和で調和した社会の創造に大きく貢献できることに合意した」としています。

この第4項は、「宣言」の全体を貫く根本的コンセプトをのべた項となっています。

「対話の文化」の強調と、ＡＳＥＡＮの役割の明記

――「宣言」の各論部分の注目点はどうでしょうか。

志位　二つほど注目点を紹介します。

その一つは、第10項「紛争の防止」で、貧困、不平等、疎外、社会的排除、人種的・宗教的差別、経済・雇用機会へのアクセスの欠如などが紛争の「根本原因」にあると指摘し、「憎しみを取り除き、対話の文化を促進する」ことでこれらの原因をとりのぞくことを強調していることです。ここで「対話の文化」という言葉が出てきますが、これは、私たちが昨年（2023年）12月の東南アジア歴訪で出会った「対話の習慣」という言葉を想起させるものでした。対話を積み重ね、それを「習慣」とし、「文化」とすることで、紛争の原因をとりのぞくということだと思います。

もう一つは、第13項「地域・サブ地域協力の強化」で、「われわれは、緊張を緩和し、紛争を防ぐために、……特に以下のような地域およびサブ地域の枠組みを強化することを決議した」と明記し、地域およびサブ地域の枠組みの冒頭に、「東南アジア諸国連合（ASEAN）」と明記したことです。

「ブロック政治の回避」を記した「イスタンブール宣言」をさらに発展

――議長は、採択を受けて、「心から歓迎する」とコメントしましたが、もう少し突っ込んで「宣言」の意義についてお話しください。

志位　私は、「宣言」採択後、鄭義溶議長、サイード共同議長などICAPP執行部に対して、「『プノンペン宣言』の中心的内容を心から歓迎します」と伝えました。

とくに私たちが「これは素晴らしい」と大きな喜びをもって受け取ったのは、「宣言」が第4項で、〝対話と包摂で平和をつくる〟という道理ある大方向を打ち出したことです。

これは、「ブロック政治を回避し、競争よりも協力を強調する」とした22年の「イスタンブール宣言」を継承し、さらに発展させたものとなっています。すなわち、「イスタンブール宣言」の「ブロック政治を回避……」という命題は、一般的な規定づけにとどまっていましたが、「プノンペン宣言」では、①2年間の情勢の進展をふまえて、大国間の対立の強まりに強い警鐘を鳴らすとともに、②そうした情勢のもとでの政党がなすべきこととして、「対話」と「包摂性」の重視という具体的な内容に踏み込んで明記しています。ICAPPには諸大国の政権与党も参加しています。そうしたなかでのこの部分の記述は、コンセンサスでの運営というICAPPの原則を踏まえながら、目いっぱいの積極的な記述になっていると思います。

「宣言」が、第10項で「対話の文化」を強調し、第13項で、ASEANを「緊張緩和」、「紛争防止」の平和的枠組みとして位置づけ、これを「強化していく」ことを明記したことも重要です。ICAPP総会の「宣言」として、ASEANの積極的意義を具体的に明記し、「強化していく」と踏み込んだのは初めてのことであり、これも重要な前進だと思います。

「軍事的抑止力」に頼らないで平和をつくる

――〝対話と包摂で平和をつくる〟という規定は、平和をつくる運動を進めるうえでのわかりやすいスローガンにもなりますね。

開幕総会であいさつする鄭義溶ICAPP常任委員会議長＝2024年11月22日、プノンペン（代表撮影）

志位 そう思います。ここで強調しておきたいのは、「プノンペン宣言」の全体を通じて、「軍事的抑止力」への言及がまったくないということです。「抑止力」という言葉自体が、「宣言」の中には1カ所も出てきません。

米国を中心とした「西側」の文書でも、「対話」の重要性を言葉のうえではのべます。しかしそれは必ず「抑止力の強化」と結びつけられます。「軍事的抑止力」を強めてこそ「対話」が成り立つ、もっとありていに言えば軍事力で脅してこそ「対話」に意味が出てくる、こういう論理なのです。

それから「包摂性」の重要性を言葉のうえではのべます。しかし実際にやっていることは、あれこれの国を仮想敵に見立てて、排除していくという、排他的な軍事同盟の強化です。安全保障の中心は、あくまでも「軍事的抑止力」の強化であり、「対話」や「包摂」は、その枠内の一要素でしかありません。

それに対して、「プノンペン宣言」で打ち出された〝対話と包摂で平和をつくる〟という大方向は、「軍事的抑止力」に頼らないものとして構想されていることが何よりも重要な点だと思います。

「核兵器のない世界」「核兵器禁止条約」が合意となるよう引き続き力をつくす

――「宣言」では核兵器問題はどうなったのでしょうか。

志位 「宣言」で「核兵器禁止条約」と「核兵器のない世界」は合意になりませんでした。これは課題を残しました。

これまでICAPP総会では、わが党の努力もあって、アスタナ総会（09年）、プノンペン総会（10年）、コロンボ総会（14年）で、「核兵器のない世界」をめざす積極的記述を含んだ「宣言」を採択してきた歴史があります。

しかし、16年のクアラルンプール総会で、中国共産党代表団の主張によって、いったん合意された「宣言」から「核兵器禁止条約の速やかな交渉開始の呼びかけ」が削除されるという事態が起こりました。それ以降、核兵器問題でのＩＣＡＰＰの積極的伝統が中断させられ、今日の総会でもその克服には至りませんでした。現在の核兵器をめぐる情勢を考えても、これはＩＣＡＰＰの弱点であることを、率直に指摘しなくてはなりません。この人類的課題がＩＣＡＰＰの合意となるように、引き続き力をつくしていく決意です。

「宣言」をよりよいものとするために、あらゆる機会をとらえて力をつくした

――「プノンペン宣言」は全体としてたいへんに積極的な意義をもつものとなったということですね。日本共産党として、「宣言」をよりよいものにするために、どういう活動を行ったのかをお話しください。

志位　私たちは、「宣言」をよりよいものとするために、あらゆる機会をとらえて力をつくしました。

まず総会に先立って、鄭義溶常任委員会議長、サイード共同議長・宣言起草委員長にあてて、書簡を送り、「ＩＣＡＰＰ第12回総会への要請」を行いました。

書簡（要請文）では、以下の3点の内容が「宣言」に盛り込まれることを要請しました。

①「イスタンブール宣言」に明記された「ブロック政治を回避し、競争よりも協力を強調した」との内容を、再確認、継承発展させること。

②ＡＳＥＡＮが推進しているＡＯＩＰを支持し、東アジアサミットを地域の包摂的な平和の枠組みとして発展させる重要性を強調すること。

③核兵器禁止条約を歓迎し、「核兵器のない世界」の実現に向けて努力と決意を表明すること。

総会開会後も、11月21日夜、鄭義溶議長やサイード共同議長・宣言起草委員長と会い、要請文の内容が「宣言」に取り入れられるよう直接要請しました。

22日午前、「宣言」草案が配布されました。すでにのべたような積極的内容が盛り込まれたことは、たいへんにうれしいことでした。

ただ、核兵器問題は欠落していました。党代表団は、被爆国の政党として、この問題点について言わないわけにいかないと考え、ＩＣＡＰＰ執行部に対して、「宣言」草案の全体について歓迎していることを伝えるとともに、「核兵器のない世界」を「宣言」に明記する修正案を提案しました。修正理由として、最近のG20リオデジャネイロ会合でも首脳宣言に「核兵器のない世界」が明記されていることに言及し、この問題のグローバルな緊急性を強調しました。残念ながら、この課題については合意になりませんでしたが、党代表団として、最後まで力をつくしたことを報告しておきたいと思います。

「東アジア平和提言」が、アジアの平和の本流と共鳴する生命力をもつことを示した

――お話を聞き、全体として、党の「東アジア平和提言」が、総会の全体の流れと深く響き合ったということを感じます。

志位　そう思います。「宣言」が、事前に日本共産党がＩＣＡＰＰ総会に提出した要請文、総会での発言、総会のなかで行った要請を、全体として受け止めた内容となったことは、きわめて重要だと思います。私たちの提起した要請文の３項目との関係では、第１と第２の要請については、基本的に「宣言」に取り入れられることになったと言えると思います。

「宣言」採択後、夕食会が終わったのち、私が、鄭議長、サイード共同議長に対して、今回の「宣言」を歓迎するとともに、とくに第４項に明記された〝対話と包摂で平和をつくる〟について、『「イスタンブール宣言」に明記された『ブロック政治を回避し…』をさらに発展させたものと受け止めています」と話しますと、鄭さん、サイードさんともに、「その通りです」と応じました。「イスタンブール宣言」を、情勢にそくしてさらに具体的に発展させたということだと思います。

「プノンペン宣言」で打ち出された〝対話と包摂で平和をつくる〟という大方向は、日本共産党の「東アジア平和提言」の根本的立場でもあります。「プノンペン宣言」は、わが党の「東アジア平和提言」が、アジア大陸で起こっている平和の本流と深く共鳴しあう生命力をもっていることを示したと思います。今回の総会が、こうした理性的な方向を打ち出すうえで、わが党の一連の要請や活動が、貢献となったことも、たいへんにうれしいことでした。

参加政党との交流について

「東アジア平和提言」をもち、あらゆる機会をとらえて、懇談を行った

――参加政党との交流を精力的に行ったと聞きますが、懇談の話題、雰囲気などをお聞かせください。

志位　党代表団は、「東アジア平和提言」をもって、あらゆる機会をとらえて、参加政党との交流を行い、相互理解と一致点での協力のために懇談を行いました。懇談といっても、会議室で向き合ってというのではなく、総会の休憩時間での立ち

話、食事の席、ホテルのロビー、隣り合ったバスの席など、短時間の接触を利用してのものでしたが、たいへんに豊かな交流ができたと思います。

総会中に懇談する機会があったのは、アゼルバイジャン、イラク、イラン、インドネシア、ウズベキスタン、韓国、カンボジア、ケニア、ジョージア、シンガポール、タイ、ネパール、パキスタン、バングラデシュ、フィリピン、ベトナム、マレーシア、モルディブ、モンゴル、ラオス、レバノンなどの国の諸党です。

懇談のテーマは、地域と世界の平和構築、気候危機対策、ジェンダー平等、植民地主義克服など多岐にわたりました。

友情にあふれ、初対面なのに旧知の仲のような交流に

――印象に残ったエピソードをお話しください。

志位 若干を紹介しますと、レバノンからの代表は、日本共産党だと自己紹介しますと、「日本に共産党があるのですか」と質問し、議席数や党勢をのべると、「そんなに大きいのですか」と驚いていました。まったくの初対面ながら話が弾み、ガザへのジェノサイド、イスラエルのレバノン侵攻問題などで一致点を確認しました。ローマ帝国の時代から繰り返し外国の侵略を受けてきたレバノンの歴史を語ってくれました。

ケニアの与党代表との懇談では、私が、ロシアのウクライナ侵略の直後に、ケニアの国連大使が国連で行った演説について重要な指摘だと感じたと話しますと、「アフリカの国境は、植民地時代に宗主国が勝手に引いた国境であり、同じ民族が国境の向こうに分断されていることもしばしばです。しかし、それを言い出したら際限のない紛争になります。そうではなく、私たちは拡張主義を拒否し、アフリカ諸国の平和、統一という未来に向けた前向きの考えに立っています」と語りました。私が「今日の紛争の根源に植民地主義があると考えます」とのべて、その克服の今日的意義を話しますと、先方も「その通りです」と応じ、固い握手を交わしました。

イラクからは、クルド民主党代表団4人が参加していました。前回のイスタンブール総会でも同党の代表と長時間懇談する機会がありましたが、再び会って、クルド問題を話し合いました。国を持たない中東最大の民族といわれるクルド人は、トルコ、イラン、シリア、イラクの4カ国に4000万人以上が分かれて住んでいます。イラク以外ではクルド人組織は抑圧の対象とされ分離独立を求めていますが、イラクでは自治区がつくられ、クルド民主党は自治区の選挙で与党第1党です。イラクではクルド人の独立ではなく自治権を拡大する方針だとの説明でした。私は、説明に感謝し、クルド人の自決権を求めるたたかいへの強い連帯を表明しました。クルドは、独自の言語、文化を持ち、風景も食事も素晴らしいとの誇りを語っていたことが、印象的でした。

一端を紹介しましたが、どの懇談も、友情にあふれ、初対面

なのに旧知の仲のような交流になりました。ここにもＩＣＡＰＰの魅力と存在意義があるということを強く実感したしだいです。

アジアの平和の本流を考える

ＩＣＡＰＰのような国際的な政党会議をもっているのは、世界でもアジアだけ

――ＩＣＡＰＰが、たいへんに重要な意義をもつ国際会議だということをあらためて感じました。ＩＣＡＰＰのような組織が発展しているのはアジアだけと聞きますが。

志位　私は、今回の総会の参加をつうじて、アジア政党国際会議（ＩＣＡＰＰ）がこの大陸で生まれ、発展していることは、きわめて重要な意義をもっているという認識を新たにしました。

ＩＣＡＰＰは、与野党の枠を超え、イデオロギーの違いを超え、アジアで活動するすべての政党に開かれた平和のフォーラムですが、こうした組織をもっているのは、世界のなかでもアジアだけなのです。今回の総会にアジアから参加した49の政党のうち、およそ半分の政党は与党に属しており、どれも有力な党です。野党も、国政に影響力をもつたくさんの有力な党も参加しています。そうした党が一堂に会し、率直な討論を行い、相互理解と信頼を深め、一致点を重視して積極的な方向を「宣言」の形で打ち出す。そのことの意義は大きいものがあると思います。

ラテンアメリカにも国際的な政党組織はありますが、左翼、中道、保守などに分かれています。アフリカでも国際的な政党組織はいくつかに分立しています。ヨーロッパは、左翼、中道、右派、極右などが、それぞれ国際的な連携を行っていますが、厳しく対立しており、ＩＣＡＰＰのような組織は考えられません。

アジアでも、もちろん、国内的にはどの国でも与野党の対立・競争があります。しかし、ＩＣＡＰＰの場では、与野党の枠を超えて、前向きに連帯し、友情を深める関係をつくっています。ＩＣＡＰＰ総会の歴史を見ても、与野党共同開催となった総会もあります。２００６年のソウル総会は、当時のハンナラ党とウリ党の共同開催で成功をおさめ、14年のコロンボ総会も、与野党共同開催で成功をおさめています。アジアで活動す

る政党が、与野党の枠を超えて、ICAPPで協力しあい、今回の「プノンペン宣言」にみられるように、進歩的意義をもった内容を、アジアと世界に発信している。これは特筆すべき達成だと強く感じます。

なぜアジアでこのような組織が生まれ、発展しているのか――三つの要因を考える

――なぜアジアでこのような組織が生まれ、発展しているのか。その要因をどのように考えていますか。

志位　「なぜアジアで……」という問いは、私も総会を終えて帰国する途上で、いろいろな角度から考えてみました。次の三つの要因をあげることができると思います。

第一は、この大陸では、排他的な軍事同盟はごく一部となり、包摂的な平和構築の流れが圧倒的になっているということです。

かつて存在した米英中心の多国間軍事同盟であるSEATO（東南アジア条約機構）とCENTO（中央条約機構）は解体し、現在、機能している軍事同盟は、日米、米韓、米豪などごく一部に限られます。

前回の総会（22年）の「イスタンブール宣言」で「ブロック政治を回避し…」と明記され、今回の総会の「プノンペン宣言」で、それをさらに発展させて、〝対話と包摂で平和をつくる〟と明記されたのは、決して偶然のことではないと思います。それはアジアで起こっている平和の前向きの激動を反映したものにほかなりません。

第二は、アジアのほとんどの国が、20世紀に植民地支配を打ち破って、新たに独立を勝ち取った国ぐにだということです。

東南アジアの国ぐにも、南アジアの国ぐにも、中東の国ぐにも、そのほとんどは、第2次世界大戦後、植民地支配を打ち破って独立を勝ち取った国ぐにです。北東アジアの韓国と北朝鮮もそうです。中国も列強や日本の侵略によって半植民地だった状態から、革命によって独立を勝ち取った国です。

今回の総会では、ICAPPの執行部から、「来年（25年）はバンドン会議70周年」ということが強調されました。バンドン会議――「アジア・アフリカ会議」は、アジア・アフリカにおける民族独立の巨大な波の広がりをうけて、1955年にインドネシアのバンドンで開かれた国際会議ですが、この会議において民族自決の原則が高々と世界に宣言されました。

ICAPPがアジア大陸で生まれ、発展してきた要因の一つとして、この大陸が20世紀に起こった民族独立の巨大なうねり――世界の構造変化の主舞台の一つであったという歴史的背景があげられると思います。

第三は、この大陸が、ASEANという巨大な平和の資産をもっているということです。

粘り強い対話の積み重ねで東南アジアを平和の共同体に変え、その流れを東アジア全体に広げ、包摂的な平和の枠組みづくりに挑戦しているASEANの活動と、アジアの包摂的な政

党のフォーラムとして「アジア共同体」をめざしているＩＣＡＰＰの活動は、国家間の枠組みと、政党間の枠組みという違いはありますが、その精神において同じ方向を志向していると思います。

日本共産党が、アジアの平和の本流の側に立っていることに、誇りと確信をもって

――三つの角度からアジアで起こっている平和の流れについてのお話がありましたが、日本共産党の綱領路線、外交政策、歴史は、この流れと合致したものになっているといえますね。

志位　その通りです。日米軍事同盟を解消して非同盟・中立・独立の日本をめざす点でも、植民地支配に反対して民族独立の運動に連帯してきた歴史を持つ点でも、ＡＳＥＡＮと協力して戦争の心配のない東アジアをつくることを追求している点でも、日本共産党の綱領路線、外交政策、歴史は、アジアで起こっている平和の流れと合致したものとなっています。私たちがアジア政党国際会議を重視してきたことは、必然的な理由があるのです。

私たち日本共産党が、アジアの平和の本流の側に立っていることに、誇りと確信をもって、東アジアの平和構築のために、引き続き知恵と力をつくす決意です。

――ありがとうございました。

志位　ありがとうございました。

（「しんぶん赤旗」２０２４年12月３日付）

軍事でなく外交を、排除でなく包摂を

――アジア政党国際会議（ＩＣＡＰＰ）第12回総会での発言

日本共産党中央委員会議長・衆院議員　志位　和夫

【プノンペン＝面川誠】日本共産党の志位和夫議長が２０２４年11月22日のアジア政党国際会議（ＩＣＡＰＰ）第12回総会で発言した内容を紹介します。以下は、ＩＣＡＰＰ事務局に提出した発言原稿の正文です。

尊敬する議長。

親愛な友人のみなさん。

私は、日本共産党を代表し、「軍事でなく外交を、排除でなく包摂を」と題して発言いたします。

ブロック対立を強く憂慮、包摂的な平和の枠組みを目指す流れにこそ未来がある

友人のみなさん。

今日、私たちの住む東アジアで、排他的なブロック対立が強まっていることを、私は強く憂慮しています。この動きは、軍事対軍事の悪循環を引き起こしています。その先に平和は決して訪れません。

他方で、東アジアのすべての国を包み込む包摂的な平和の枠組みをつくろうという希望ある流れが発展しています。ＡＳＥＡＮが提唱しているＡＳＥＡＮインド太平洋構想（ＡＯＩＰ）です。

こうした情勢のもと、日本共産党は今年（２０２４年）４月、「東アジアの平和構築への提言」を発表し、ＡＳＥＡＮ諸国と手を携え、ＡＯＩＰの実現を共通の目標にすえ、東アジアを戦争の心配のない地域にしていくことを国内外で訴えてきました。私は、この方向にこそ平和、協力、繁栄の東アジアの未来があると確信するものです。

そして私が強調したいのは、ＩＣＡＰＰが「アジア共同体の構築」をビジョンに掲げ、イデオロギーの違いを超えてアジア

のすべての政党に開かれた包摂的なプラットフォームとして、AOIPとまったく同じ方向を目指しているということです。東南アジアで開かれるこの総会において、AOIPへの支持が合意になることを私は強く願ってやみません。

「ブロック政治を回避し、競争よりも協力を強調」――この内容の継承・発展を

友人のみなさん。

さらに強調したいのは、前回のICAPP総会で採択された「イスタンブール宣言」に明記された「ブロック政治を回避し、競争よりも協力を強調した」との内容が、今日の情勢のもとでいよいよ重要になっているということです。

私は、この夏に欧州各国を訪問する機会がありましたが、戦争を契機にブロック対立が激化している欧州でも、「ブロック政治の回避」を強調する「イスタンブール宣言」への強い共感の声が寄せられたことをお伝えするものです。この総会の最終文書でも、この内容が継承され、発展させられることを私は強く望むものです。

ウクライナとガザ――「ダブルスタンダード」を退け、国連憲章と国際法で団結を

友人のみなさん。

ウクライナ侵略とガザへのジェノサイド（集団殺害）は、恐るべき犠牲をもたらし、国連憲章にもとづく世界の平和秩序を根底から脅かしています。

どちらの問題も解決策は軍事ではありません。国連憲章と国際法にもとづく対話と交渉が解決の唯一の道です。その際、ロシアを非難するが、イスラエルを事実上擁護する「ダブルスタンダード（二重基準）」を厳しく退けることが重要です。誰に対してであれ、国連憲章と国際法は平等に、また普遍的に適用されなければなりません。

国連憲章と国際法を守れの一点で、国際社会が団結することを、この総会の意思として世界に呼び掛けようではありませんか。

来年は広島・長崎の被爆80年――「核兵器のない世界」への決意を世界に発信しよう

友人のみなさん。

最後に訴えたいのは核兵器の問題です。

この間、日本の被爆者の団体―日本被団協がノーベル平和賞を受賞しました。これは私たち日本国民にとっての大きな喜びです。同時に、この受賞は、被爆者のみなさんが切望し、訴え続けてきた「核兵器のない世界」の実現が、いよいよ待ったなしの課題であることを示しています。

これまでICAPPは、アスタナ、プノンペン、コロンボなど一連の総会で、「核兵器のない世界」の実現を世界に呼び掛けてきました。

来年（25年）は、広島・長崎の被爆80年の節目の年となりま

す。総会の総意として、核兵器禁止条約への歓迎と、「核兵器のない世界」に向けた決意を、世界に発信しようではありませんか。

ご清聴ありがとうございました。

（「しんぶん赤旗」２０２４年11月24日付）

ＩＣＡＰＰ第12回総会への日本共産党の要請文

日本共産党が、ＩＣＡＰＰ第12回総会に先立って、鄭義溶《チョンウィヨン》ＩＣＡＰＰ常任委員会議長、ムシャヒド・フセイン・サイード共同議長・宣言起草委員長にあてた要請文は以下の通りです。

1、イスタンブール宣言で明記された「ブロック政治を回避し、競争よりも協力を強調した」との内容は、どの国も排除することなく、包摂的な平和の枠組みをつくる重要性を述べたものとして、きわめて重要な意義をもつと考えています。ぜひ、この内容を今回の最終文書にも再確認、継承発展されることを要請します。

2、東アジアの包摂的な平和の枠組みとしては、東南アジア諸国連合（ＡＳＥＡＮ）首脳会議が２０１９年に採択した「ＡＳＥＡＮインド太平洋構想（ＡＯＩＰ）」がきわめて重要です。これには、東アジアサミット（ＥＡＳ）に参加するすべての国をはじめ国際社会で広く賛同されています。以下の趣旨の内容が最終文書に述べられるよう要請します。

「東南アジア諸国連合（ＡＳＥＡＮ）が２０１９年の首脳会議で採択した『ＡＳＥＡＮインド太平洋構想（ＡＯＩＰ）』を支持する。東アジアサミット（ＥＡＳ）を地域の包摂的な平和の枠組みとして発展させる重要性を指摘する」

3、核兵器による威嚇や使用の可能性への言及が繰り返されているもとで、核兵器についての言及は不可欠と考えます。核兵器禁止条約が発効し2回にわたり締約国会議が開催されたことは歓迎すべきことと考えます。また、核兵器の非人道性を証言し、核兵器廃絶を世界に訴えてきた日本原水爆被害者団体協議会（日本被団協）がノーベル平和賞を受賞するという喜ばしいニュースもありました。「核兵器のない世界」に向けて、世界で唯一の戦争被爆国で活動する政党として、以下の点を要請します。

「世界および地域の平和と安全への脅威である大量破壊兵器、

とりわけ核兵器の使用は壊滅的な人道的結末をもたらすものである。核兵器は絶対に使われてはならない。核兵器禁止条約が発効し、２回にわたり締約国会議が開催されていることを歓迎する。『核兵器のない世界』の実現に向けて、いっそうの努力と決意を表明する」

（「しんぶん赤旗」２０２４年11月24日付）